O LIVRO DAS

ORAÇÕES MILAGROSAS

CB122077

Regina Maria Azevedo

O Livro das Orações Milagrosas

OutrasPalavras

Dados Internacionais de Catalogação na Publicação (CIP)
(Maria Cecília Candeias CRB-8/2888)

L762 Livro das orações milagrosas / organizado por Regina Maria Azevedo; São Paulo : Outras Palavras, 2001

ISBN 85-86389-18-8

1. Orações I. Azevedo, Regina M. II. Título

CDU 243

© Regina Maria Azevedo

Fotocomposição e projeto gráfico:
Outras Palavras
Capa: Alexandre Rampazzo

Todos os direitos reservados.
Proibida a reprodução total ou parcial
sem a expressa autorização dos editores

Série "Orações Mágicas"
1 - O Livro das Orações Mágicas
2 - O Livro das Orações Milagrosas

Pedidos e Informações:
Outras Palavras Produções Editoriais e Comércio Ltda.
Rua Santo Egídio, 709, cj. 141
☎ /fax: (0**11) 6236-4823
CEP 02461-011 São Paulo SP
e-mail: outras-palavras@uol.com.br

Índice

O MUNDO ESPERA POR UM MILAGRE...

Vivemos um momento conturbado, onde se vê imperar a desunião e a injustiça entre os homens. Não bastassem os problemas sócio-econômicos criados pela ganância e pelo desamor dos poderosos, alguns utilizam o rótulo "Guerra Santa" para semear a discórdia entre os povos.

Em nome da religião – palavra cujo sentido literal expressa nossa re-ligação com a Inteligência Superior – cada grupo se apresenta como legítimo representante de Deus, deixando de reconhecer no seu próximo a Sua imagem e semelhança.

A soberba alimenta confrontos armados ou meramente intelectuais entre católicos e protestantes, judeus e muçulmanos, espíritas e umbandistas.

Mais do que nunca, a oração se faz necessária para aplacar a fúria da ignorância e da eterna insatisfação humanas; através desse ato introspectivo, voltado à energia amorosa que promove nossa mais íntima integração com a Natureza, elevamos mente e coração ao Ser Supremo na esperança de nos sentirmos tocados por Sua infinita bondade e compaixão.

Não importa a crença, desde que estejamos irmanados por meio deste reconfortante ritual que representa o ato de orar. O mundo precisa fazer ecoar todas as súplicas, sejam elas provenientes da tradição judaico-cristã, muçulmana, kardecista ou dos mais variados cultos à Mãe-Natureza. Sempre em nome do bem e da paz universais.

Se cada um manifestar a sua fé, sem dúvida este será um lugar bem melhor para se viver. Somente assim, unidos através deste pacífico e humanitário ideal, seremos capazes de perpetuar o milagre da vida.

Regina Maria Azevedo

O PODER MILAGROSO DA ORAÇÃO

Através da oração abrimos espaço em nossas vidas para a ação divina. Quando adquirimos consciência de nossa natureza cósmica, sabemos então que pertencemos a um sistema de relações; não somos, portanto, onipotentes nem auto-suficientes.

Elevamos assim nossos pedidos através dos santos e santas de nossa devoção – que atuam como intermediários, meios ou "médiuns", intercedendo por nós junto ao plano Superior – na intenção de superarmos nossos limites humanos.

Nosso santo/santa favoritos agem como um bom amigo disposto a nos ouvir, guiar, aconselhar, uma vez que eles próprios viveram na Terra como homens e mulheres comuns e transcenderam essa condição após vivenciarem uma intensa e muito particular experiência de fé.

Existem vários tipos de oração:

- de adoração/louvor
- de arrependimento/perdão

- de petição/cura
- de agradecimento/amor
- de oferenda ou de meditação.

Para usufruir de seus benefícios, convém observar alguns preceitos básicos:
- escolha de um horário e lugar para orar diariamente;
- abra espaço em seu coração, livrando-se de filtros como a crítica, a autocomiseração ou a pretensão de subordinar a Inteligência Superior a seus interesses e caprichos;
- mantenha a fé e acredite num único poder: o poder espiritual que existe dentro de você;
- cultive o silêncio interior, para que as respostas possam ser visualizadas, ouvidas ou sentidas.

Escolha sua oração e dedique algum tempo à paz interior e à meditação. A humanidade agradece...

Santos Padroeiros e Santos Protetores

Na tradição católica, os termos patrono/padroeiro e protetor são tidos como sinônimos, referindo-se ao santo/santa que é venerado(a) com um culto particular pelo clero e pelo povo de um lugar, seja por antiga tradição ou por eleição.

No âmbito popular, porém, é feita por vezes uma diferenciação. A idéia de patrono ou padroeiro é, em geral, relacionada a uma instituição ou classe profissional, uma espécie de "apadrinhamento" – como no caso de São Cristóvão, patrono dos motoristas, Santa Catarina, padroeira das enfermeiras ou Santo Isidoro, proposto padroeiro da Internet.

Já os santos "protetores" nos livram de males específicos ou nos protegem contra certos perigos: Santa Luzia é a protetora dos olhos, São Cipriano é o protetor contra feitiços malignos, São Jerônimo nos protege nas viagens e contra os perigos das ruas. São Cosme e São Damião são protetores das crianças e padroeiros dos médicos e farmacêuticos. E assim por diante.

Adote você ou não a diferenciação entre os termos padoeiro/patrono ou protetor, importante mesmo é devotar a essas criaturas santificadas seu voto de fé e confiança.

Sempre que possível, colocamos também no rodapé de cada oração o dia consagrado ao santo – sua data comemorativa. Lembramos que as datas podem variar de acordo com a região ou país: alguns povos comemoram a data de nascimento do santo, outras a de seu martírio, por exemplo. Em nossa versão respeitamos ao máximo a tradição brasileira.

ORAÇÃO A SANTO ANTONIO

Glorioso Santo Antonio, que tivestes a sublime dádiva de abraçar e afagar o Menino Jesus, alcançai-me desse mesmo Jesus a graça que vos peço e vos imploro do fundo do meu coração (faça seu pedido).

Vós, que tendes sido tão bondoso para com os pecadores, não olheis para os poucos méritos de quem vos implora, mas antes fazei valer o vosso grande prestígio junto a Deus para atender o meu insistente pedido. Amém.

Santo Antonio, rogai por nós.

(Rezar um Pai-Nosso, uma Ave-Maria e uma Glória-ao-Pai).

Dia consagrado: 13 de junho
Protetor da família e dos relacionamentos

ORAÇÃO A SÃO BENEDITO

São Benedito, filho de escravos, que encontrastes a verdadeira liberdade servindo a Deus e aos irmãos, independente de raça e de cor, livrai-me de toda escravidão, venha ela dos homens ou dos vícios. Ajudai-me a desalojar de meu coração toda a segregação racial e a reconhecer todos os homens por meus irmãos.

São Benedito, amigo de Deus e dos homens, concedei-me a graça (faça seu pedido) que vos peço de coração.

Por Jesus Cristo Nosso Senhor. Amém.

(Rezar um Pai-Nosso e uma Ave-Maria).

Dia consagrado: 31 de março
Protetor contra os vícios e a escravidão

ORAÇÃO A SÃO BRÁS

Ó, bem-aventurado São Brás, que recebeste de Deus o poder de proteger as pessoas contra as doenças da garganta e outros males, afastai de mim a doença que me aflige, conservai minha garganta sã e perfeita para que eu possa falar corretamente e assim proclamar e cantar os louvores de Deus.

Eu vos prometo que a fala que sair de minha garganta será sempre de verdade e não de mentira. De justiça e não de calúnia. De bondade e não de aspereza. De compreensão e não de intransigência. De perdão e não de condenação.

De desculpa e não de acusação. De respeito e não de desacato. De conciliação e não de intriga. De calma e não de irritação. De desapego e não de egoísmo. De edificação e não de escândalo. De ânimo e não de derrotismo.

De conformidade e não de lamúrias. De amor e não de tristeza. De fé e não de descrença. De esperança e não de desespero.

São Brás, conservai minha garganta livre das doenças a fim de que minhas palavras possam louvar a Deus, meu criador, e agradecer a vós, meu protetor. Amém.

(Rezar um Pai-Nosso e um Credo).

Dia consagrado: 3 de fevereiro
Protetor contra doenças da garganta

ORAÇÃO A SÃO CIPRIANO

São Cipriano, que pela graça divina vos convertestes à fé do Nosso Senhor Jesus Cristo, vós, que possuístes os mais altos segredos da magia, construí agora um refúgio para mim contra meus inimigos e suas ações nefastas e malignas.

Pelo merecimento que alcançastes perante Deus, o criador do Céu e da Terra, anulai as obras malignas, frutos do ódio, os trabalhos que os corações empedernidos tenham feito ou venham a fazer contra mim e/ou contra minha casa.

Com a permissão do Altíssimo Senhor Deus, atendei à minha prece e vinde em meu socorro. Pelo Sangue de Nosso Senhor Jesus Cristo. Amém.

(Rezar um Credo e uma Salve-Rainha).

Dia consagrado: 16 de setembro
Protetor contra feitiços malignos

ORAÇÃO A SÃO COSME E SÃO DAMIÃO

Ó, Deus-Menino, que crescestes em sabedoria e graça com Maria e José. Pela intercessão de São Cosme e São Damião, abençoai meus filhos, irmãos, parentes e vizinhos (diga o nome da criança e/ou das pessoas que estejam precisando de orações):

Que o sangue desses Mártires, servos da Santíssima Trindade, lave os meus pecados e purifique todo o meu ser.

Ajudai-me a crescer em solidariedade, compaixão e misericórdia para com o meu próximo mais próximo, a exemplo de São Cosme e São Damião, missionários e defensores da vida em plenitude. Por Cristo Senhor Nosso. Amém.

(Rezar um Pai-Nosso e uma Ave-Maria).

Dia consagrado: 26 de setembro
Protetor das crianças, padroeiro dos médicos e dos farmacêuticos

ORAÇÃO A SÃO CRISTÓVÃO

Ó, São Cristóvão, que atravessastes a correnteza furiosa de um rio com toda a firmeza e segurança, porque carregáveis nos ombros o Menino Jesus, fazei com que Deus se sinta sempre bem em meu coração, porque então terei sempre segurança na direção do meu carro e enfrentarei corajosamente todas as correntezas ou adversidades que eu tiver de enfrentar, venham elas dos homens ou dos espíritos do mal.

Meu São Cristóvão, ajudai-me também a alcançar a graça que vos peço (faça seu pedido); protegei-me de todos os perigos e livrai-me de todo mal. Amém.

(Rezar um Pai-Nosso, uma Ave-Maria e uma Glória-ao-Pai).

Dia consagrado: 25 de julho
Padroeiro dos motoristas

ORAÇÃO DAS MÃES A SÃO DOMINGOS SÁVIO

Ó, glorioso e Santo Menino, tu, que por inspiração da Virgem Imaculada levaste à tua mãe imediato alívio às suas dores por meio de uma misteriosa fita que colocaste em seu pescoço, atende ao ardente desejo desta tua devota, que humildemente recorre à tua intercessão. Alcança-me da Virgem Maria, Mãe de Jesus, a graça da conservação da prole que por mercê de Deus alcancei.

Assiste-me no perigo deste instante, para que, auxiliada pela tua intercessão, possa, cheia de alegria, render infinitas graças a Deus e à sua Mãe Santíssima. Desde já coloco sob tua valiosa proteção a(s) criatura(s) que Deus me deu (diga o nome do(s) filho(s) para quem pede proteção). Alcança-me a graça de vê-lo(s) crescer no santo temor de Deus, para que, conhecendo-O e servindo-O durante a vida, possa(m), juntamente com todos de sua família, louvá-lo para sempre no Céu. Amém. (Rezar uma Ave-Maria).

Dia consagrado: 9 de março
Padroeiro das mães, crianças e adolescentes

ORAÇÃO A SANTO EXPEDITO

Meu Santo Expedito, das causas justas e urgentes, intercedei por mim junto ao Nosso Senhor Jesus Cristo.

Socorrei-me nesta hora de aflição e desespero, meu Santo Expedito, vós que sois um santo guerreiro, vós que sois o santo dos aflitos, vós que sois o santo dos desesperados, vós que sois o santo das causas urgentes, protegei-me, ajudai-me, dai-me forças, coragem e serenidade.

Santo Expedito, atendei o meu pedido (faça seu pedido).

Meu Santo Expedito, ajudai-me a superar estas horas difíceis, protegei-me de todos os que possam me prejudicar.

Protegei minha família, atendei o meu pedido com urgência, devolvendo-me a paz e a tranqüilidade, ó, meu Santo Expedito!

Assim vos serei grato pelo resto de minha Vida e levarei vosso nome a todos os que têm fé.

Muito obrigado, meu Santo Expedito! Amém.

(Rezar um Pai-Nosso e uma Ave-Maria).

Dia consagrado: 19 de abril
Padroeiro dos negócios urgentes

ORAÇÃO DE SÃO FRANCISCO DE ASSIS

Senhor, fazei de mim um instrumento de vossa paz;
Onde houver ódio, que eu leve o amor;
Onde houver ofensa, que eu leve o perdão;
Onde houver discórdia, que eu leve a união;
Onde houver dúvidas, que eu leve a fé.
Onde houver erro, que eu leve a verdade;
Onde houver desespero, que eu leve a esperança;
Onde houver tristeza, que eu leve a alegria;
Onde houver trevas, que eu leve a luz.
Mestre, fazei com que eu procure mais
Consolar que ser consolado,
Compreender que ser compreendido,
Amar que ser amado,
Pois é dando que se recebe;
É perdoando que se é perdoado;
E é morrendo que se vive para a vida eterna!
Amém.

Dia consagrado: 4 de outubro.
Protetor dos pobres e dos animais

ORAÇÃO A SÃO GABRIEL

Ó, poderoso Arcanjo São Gabriel, vossa aparição à Virgem de Nazaré trouxe luz ao mundo que estava mergulhado nas trevas. Vós, que proclamastes à Santíssima Virgem: "Ave-Maria, cheia de graça, o Senhor é convosco... bendito é o fruto do vosso ventre, Jesus".

São Gabriel, intercedei por nós junto à Mãe do Salvador. Afastai do mundo as trevas da descrença e da idolatria. Fazei brilhar a luz da fé em todos os corações. Ajudai a juventude a imitar Nossa Senhora nas virtudes da pureza e da humildade. Dai força a todos os homens contra os vícios e o pecado.

São Gabriel, que a luz da vossa mensagem, anunciadora da Redenção do gênero humano, ilumine o meu caminho e oriente toda a humanidade rumo ao céu. Amém.

(Rezar um Pai-Nosso, uma Ave-Maria e um Credo).

Dia consagrado: 29 de setembro
Padroeiro do clero e das telecomunicações

ORAÇÃO A SANTO ISIDORO

Deus eterno e Todo-poderoso que nos criou à sua imagem e semelhança e nos fez procurar tudo o que é bom, verdadeiro e belo, especialmente na divina pessoa de Seu Filho unigênito, Nosso Senhor Jesus Cristo, permiti-nos, através da intercessão de Santo Isidoro, bispo e doutor, que durante nossas jornadas pela Internet dirijamos nossas mãos e olhos apenas ao que é agradável a Vós e tratemos com caridade e paciência todas as almas que encontremos.

Por Nosso Senhor Jesus Cristo. Amém.

(Rezar um Pai-Nosso e uma Glória-ao-Pai).

Dia consagrado: 4 de abril
Proposto padroeiro dos usuários da Internet

ORAÇÃO A SÃO JERÔNIMO

Bem-aventurado São Jerônimo, tendes poder sobre os elementos do Céu e da Terra, poder este que vos foi confiado por Deus Nosso Senhor. Este vosso devoto, crente de vossos merecimentos, vos roga humildemente que não desampareis meus passos.

São Jerônimo, vós que sois tão bondoso para com aqueles que pedem vosso socorro e vossa assistência, ouvi minha prece e afastai de mim os perigos, fazendo com que minha existência seja preservada enquanto o Senhor Deus assim o permitir.

Sede, caridoso São Jerônimo, o meu guia por onde eu estiver caminhando; sede meu guarda e meu abrigo pela cruz de Nosso Senhor Jesus Cristo. Amém.

(Rezar um Pai-Nosso e uma Ave-Maria).

Dia consagrado: 30 de setembro
Protetor nas viagens e contra os perigos nas ruas

ORAÇÃO A SÃO JOÃO BOSCO

Necessitando de especial auxílio, com grande confiança recorro a vós, ó São João Bosco.

Preciso não só de graças espirituais, mas também de graças temporais, e principalmente (faça seu pedido).

Vós, que tivestes tanta devoção a Jesus Sacramentado e a Maria Auxiliadora, e que tanto vos compadecestes das desventuras humanas, alcançai-me de Jesus e de sua celeste Mãe a graça que vos peço. E mais: que eu alcance também resignação inteira à vontade de Deus. Amém.

(Rezar um Pai-Nosso, uma Ave-Maria e uma Glória-ao-Pai).

Dia consagrado: 31 de janeiro
Padroeiro dos estudantes e das artes

ORAÇÃO A SÃO JORGE

São Jorge, cavaleiro corajoso, intrépido e vencedor, abre os meus caminhos, ajuda-me a conseguir um bom emprego; faz com que eu seja bem quisto por todos: superiores, colegas e subordinados.

Que a paz, o amor e a harmonia estejam sempre presentes em meu coração, em meu lar e em meu trabalho; vela por mim e pelos meus, protegendo-nos sempre, abrindo e iluminando nossos caminhos, ajudando-nos também a transmitir paz, amor e harmonia a todos que nos cercam.

Por nosso Senhor Jesus Cristo. Amém.

(Rezar um Pai-Nosso e uma Ave-Maria).

Dia consagrado: 23 de abril
Proteção para abrir caminhos, obter emprego

ORAÇÃO A SÃO JOSÉ

Lembrai-vos, São José, puríssimo esposo da Virgem Maria, que jamais se ouviu dizer que alguém tivesse invocado a vossa proteção e implorado por vosso socorro sem que fosse por vós consolado.

Com esta confiança venho à vossa presença e a vós, fervorosamente, me recomendo.

Não desprezeis as minhas súplicas, pai adotivo do Redentor, atendeis a graça que vos peço agora (faça seu pedido).

Dignai-vos acolhê-la piedosamente; por Nosso Senhor Jesus Cristo, na unidade do Espírito Santo. Amém.

(Rezar um Pai-Nosso, uma Ave-Maria e uma Glória-ao-Pai).

Repetir esta oração por 9 dias.

Dia consagrado: 19 de março
Padroeiro dos operários e dos moribundos

ORAÇÃO A SÃO JUDAS TADEU

São Judas Tadeu, glorioso e fiel servo, amigo de Jesus, o nome do traidor foi a causa de vosso esquecimento por muitos, mas a Igreja vos honra e invoca universalmente como patrono nos casos desesperados, nos negócios sem remédio.

Rogai por mim que sou tão miserável! Fazei uso, eu vos imploro, desse particular privilégio que vos foi concedido de trazer viável e imediato auxílio onde o socorro desapareceu quase por completo.

Assisti-me nesta grande necessidade para que eu possa receber as consolações e o auxílio do Céu em todas as minhas precisões, atribulações e sofrimentos, alcançando-me a graça de (faça seu pedido) para que eu possa louvar a Deus convosco e com todos os eleitos por toda a eternidade.

Eu vos prometo, ó bendito São Judas, lembrar-me sempre deste grande favor e nunca deixar de vos honrar como meu especial e poderoso patrono, fazendo tudo o que estiver ao meu alcance para incentivar a devoção para convosco. Amém.

São Judas Tadeu, rogai por nós e por todos os que vos honram e invocam o vosso auxílio!

(Rezar três Pai-Nossos, três Ave-Marias e três Glórias-ao-Pai).

Dia consagrado: 28 de outubro
Padroeiro das causas impossíveis

ORAÇÃO A SÃO LOURENÇO

Ó, Deus onipotente, que concedestes ao Mártir São Lourenço forças para triunfar sobre as chamas de seus tormentos, nós Vos pedimos que em nós também se extingam as chamas de nossos vícios. Por Jesus Cristo, Senhor nosso. Amém.

(Rezar um Pai-Nosso, uma Ave-Maria e uma Glória-ao-Pai).

Dia consagrado: 10 de agosto
Protetor contra queimaduras, jogos, vícios e drogas

ORAÇÃO A SÃO MIGUEL

Senhor Jesus, renovai sempre vossa bênção sobre nós. Concedei-nos, pela intercessão de São Miguel, sermos assistidos por esse poderoso protetor em nossas dificuldades, em nossos sofrimentos, em nossas provas.

Que eu e todos aqueles que vos recomendo (diga os nomes das pessoas, se pedir por alguém) sejamos socorridos por São Miguel em todas as ocasiões difíceis e na hora da morte. Esta graça nós vos pedimos por Nosso Senhor Jesus Cristo.

São Miguel, nosso poderoso protetor, ajudai-nos. São Miguel, amparai-nos. São Miguel, orai por nós. Amém.

(Rezar um Pai-Nosso, uma Ave-Maria e um Credo).

Dia consagrado: 29 de setembro
Protetor contra processos e perseguições

ORAÇÃO A SÃO PAULO

Glorioso apóstolo São Paulo, vós que propagastes o evangelho de Nosso Senhor Jesus Cristo, eu vos saúdo e suplicante rogo-vos que vos digneis a interceder junto a Deus em meu favor (ou "em favor de..." - diga o nome da pessoa).

Glorioso São Paulo, dissestes aos cristãos: "Sede sóbrios e velai"; considerai, glorioso apóstolo e mártir, que o vício abate o corpo e entrega a alma ao poder do seu maior inimigo, o espírito das trevas. Considerai que o vício degrada o homem, feito à imagem e semelhança do Pai Eterno e o rebaixa à condição dos animais irracionais.

O viciado perde o amor da família, abandona a amizade dos seus semelhantes, rejeita o trabalho, resvala no caminho da perdição. Em vosso apostolado sempre recomendastes aos fiéis a sobriedade e o procedimento honesto. Cheio de fé em vosso merecimento perante Nosso Senhor, apóstolo e mártir, rogo a vossa milagrosa proteção (ou diga "para..." – e repita o nome da pessoa).

Vós que vos sacrificastes por amor a Jesus Cristo, que tivestes a cabeça decepada, usai vossa caridade para com este (esse) servo de Deus, derramando sobre seu espírito a vossa luz, infundindo em seu coração o vosso amor a Nosso Senhor Jesus Cristo, fazendo com que ele veja os perigos do caminho que está trilhando tanto para o seu corpo como para sua alma.

Assim vos suplico, peço e rogo, glorioso São Paulo, vós que mudastes de nome, que passastes de Saulo a Paulo, fazei com que eu (ou repita o nome da pessoa) mude de comportamento e me (se) converta aos mandamentos de Deus assim como vós vos convertestes à fé de Jesus Cristo. Amém.

(Rezar um Pai-Nosso e um Credo).

Dia consagrado: 25 de janeiro
Protetor contra a embriaguez e os jogos de azar

ORAÇÃO A SÃO PEDRO

Gloriosíssimo São Pedro, creio que vós sois o fundamento da igreja, o pastor universal de todos os fiéis, o depositário das chaves do céu, o verdadeiro vigário de Jesus Cristo; e eu me orgulho de ser vossa ovelha, vosso súdito e filho.

Uma graça vos peço com toda a minha alma: guardai-me sempre unido a vós e fazei que antes me seja arrancado do peito o coração do que o amor e plena submissão que vos devo nos vossos sucessores, os Pontífices Romanos. Viva eu e morra como filho vosso e filho da Santa Igreja Católica Apostólica Romana. Amém.

(Rezar um Pai-Nosso e um Credo).

Dia consagrado: 29 de junho
Padroeiro dos pescadores, sapateiros e serralheiros

ORAÇÃO A SÃO RAFAEL

São Rafael, cujo nome significa "médico de Deus", vós fostes encarregado de acompanhar o jovem Tobias em sua viagem ao país dos Medas.

São Rafael, vós que ajudastes e socorrestes os pais de Tobias, fazendo que se realizassem seus desejos e aspirações e curando a cegueira de seu pai, nós vos imploramos e pedimos vossa assistência.

Sede nosso protetor perante Deus, pois vós sois o caridoso médico que Ele envia aos seus fiéis.

São Rafael, curai-me (ou diga o nome da pessoa doente) desta doença. Restitui-me (ou a ele/a) a saúde e não deixaremos de vos render graças. Amém.

(Rezar um Pai-Nosso, uma Ave-Maria e um Credo).

Dia consagrado: 29 de setembro
Padroeiro dos médicos e dos viajantes

ORAÇÃO A SÃO SEBASTIÃO

Glorioso mártir São Sebastião, soldado de Cristo e exemplo de cristão. Hoje vimos pedir vossa intercessão junto ao trono do Senhor Jesus, nosso Salvador, por quem destes a vida.

Vós que vivestes a fé e perseverastes até o fim, pedi a Jesus por nós para que sejamos testemunhas do amor de Deus. Vós que esperastes com firmeza nas palavras de Jesus, pedi a Ele por nós para que aumente nossa esperança na ressurreição. Vós que vivestes a caridade para com os irmãos, pedi a Jesus para que aumente nosso amor para com todos.

Enfim, glorioso mártir São Sebastião, protegei-nos contra a peste, a fome e a guerra. Defendei nossas plantações e nossos rebanhos, que são dons de Deus, para o nosso bem e para o bem de todos. E defendei-nos do pecado que é o maior mal, causador de todos os outros. Amém.

Dia consagrado: 20 de janeiro
Padroeiro dos militares, protetor contra epidemias e pestes

SANTAS PADROEIRAS E SANTAS PROTETORAS

Para nossas santas patronas/padroeiras e protetoras vale a mesma definição apresentada anteriormente para os santos (pp. 13-14). Note que, em muitos casos, além da oração do santo/santa recomenda-se também uma ou mais orações tradicionais (como Ave-Maria, Pai-Nosso e outras).

ORAÇÃO A SANT'ANA

Senhora Sant'Ana, fostes chamada por Deus a colaborar na salvação do mundo. Seguindo os caminhos da providência divina, recebestes São Joaquim por esposo. Desse vosso matrimônio, vivido em santidade, nasceu Maria Santíssima, a mãe de Jesus Cristo.

Formando vós família tão santa, confiantes nós vos pedimos por esta nossa família. Alcançai a todos nós as graças de Deus: aos pais deste lar, que vivam na santidade do matrimônio e formem seus filhos segundo o evangelho; aos filhos desta casa, que cresçam na sabedoria, graça e santidade e encontrem a vocação a que Deus os chamou.

E a todos nós, pais e filhos, alcançai-nos a alegria de viver fielmente na igreja de Cristo, guiados sempre pelo Espírito Santo para que um dia, após as alegrias e sofrimentos desta vida, mereçamos também chegar à casa do Pai, onde vos possamos encontrar, para juntos sermos eternamente felizes em Cristo, pela graça do Espírito Santo. Amém.

Gloriosa Sant'Ana, rogai por nós que recorremos a vós.

(Rezar um Pai-Nosso, uma Ave-Maria e uma Glória-ao-Pai).

Dia consagrado: 26 de julho
Protetora do lar, da família e das donas de casa

ORAÇÃO A SANTA BÁRBARA

Santa Bárbara, sois mais forte que a violência dos furacões e o poder das fortalezas. Fazei que os raios não me atinjam e os trovões não me assustem.

Ficai sempre ao meu lado para que eu possa enfrentar, de fronte erguida e rosto sereno, todas as tempestades e batalhas de minha vida, para que, vencedor(a) de todas as lutas, com a consciência do dever cumprido, possa agradecer a vós, minha protetora e render graças a Deus, criador do Céu, da Terra e da Natureza; esse Deus que tem o poder de dominar o furor das tempestades e abrandar a crueldade das guerras.

Ficai sempre comigo para me dar forças. Conservai meu coração em paz. Que em todas as lutas da vida eu saiba vencer sem humilhar ninguém.

Santa Bárbara, minha protetora, ensinai-me a louvar a Deus no fundo do meu coração. Intercedei junto a ele, quando eu me encontrar em meio a tempestade. Alcançai-me dele, para todos nós, a proteção nos perigos. E alcançai, para todo mundo, a paz, fazendo desaparecer todo rancor e toda a guerra. Santa Bárbara, rogai por nós e pela paz dos corações, das famílias, das comunidades, das nações e do mundo inteiro. Amém.

(Rezar um Pai-Nosso, uma Ave-Maria e uma Glória-ao-Pai).

Dia consagrado: 4 de dezembro
Protetora contra raios e tempestades, padroeira dos arquitetos

ORAÇÃO A SANTA CATARINA

Minha Santa Catarina, clara e digna, vós fostes aquela senhora que passastes pela porta de Abraão, achastes quatrocentos homens tão enfurecidos como leões e com vossas santas palavras abrandastes os seus corações.

Assim também, minha Santa Catarina, abrandai o coração de meus inimigos; se tiverem pés, que não me alcancem; se tiverem olhos, que não me vejam; e se vierem a mim, que venham tão acorrentados de pés e mãos como meu Senhor Jesus Cristo quando estava na cruz. Amém.

(Rezar um Pai-Nosso e uma Ave-Maria).

Dia consagrado: 29 de abril
Padroeira das enfermeiras

ORAÇÃO A SANTA CLARA

Pela intercessão de Santa Clara, ó, Senhor Todo-Poderoso, abençoai-me e protegei-me; voltai para mim vossos olhos misericordiosos e me concedeis esta graça (faça seu pedido) de que tanto necessito, para que eu volte a ter paz e tranqüilidade junto à minha família.

Derramai sobre nós a sua benção e perdoai os nossos pecados; e depois desta vida, aceitai-me no Céu em companhia de Santa Clara e de todos os Santos.

Em nome do Pai, do Filho e do Espírito Santo. Amém.

(Rezar um Pai-Nosso, uma Ave-Maria e uma Glória-ao-Pai).

Dia consagrado: 11 de agosto
Padroeira do bom tempo e da televisão

ORAÇÃO A SANTA EDWIGES

Ó, Santa Edwiges, vós que na terra fostes o amparo dos pobres, a ajuda dos desvalidos e o socorro dos endividados, no Céu agora desfrutais do eterno prêmio da caridade que em vida praticastes.

Suplicante vos peço que sejais a minha advogada para que eu obtenha de Deus a graça de que urgentemente preciso: (faça seu pedido).

Alcançai-me também a suprema graça da salvação eterna; Santa Edwiges, rogai por nós. Amém.

(Rezar um Pai-Nosso, uma Ave-Maria e uma Glória-ao-Pai).

Repetir esta oração por mais dois dias.

Dia consagrado: 16 de outubro
Padroeira dos pobres e dos endividados

ORAÇÃO A SANTA FILOMENA

Ó, gloriosa Santa Filomena, virgem e mártir, exemplo de fé e esperança, generosa na caridade, escutai a minha prece. Do Céu onde reinais, fazei cair sobre mim toda a proteção e auxílio de que necessito neste momento em que minhas forças se enfraquecem. Vós que sois tão poderosa junto a Deus, intercedei por mim e ajudai-me a alcançar a graça que vos peço (faça seu pedido).

Ó, Santa Filomena, ilustre por tantos milagres, rogai por mim. Não me abandoneis, lançai vosso olhar como um raio de esperança sobre mim e sobre minha família. Afastai as tentações, dai paz a minha alma e abençoai minha casa. Pelo sangue que derramastes por amor a Jesus Cristo, ajudai-me a alcançar a graça que vos peço (repita seu pedido). Amém.

(Rezar um Pai-Nosso, uma Ave-Maria e uma Glória-ao-Pai).

Dia consagrado: 10 de agosto
Padroeira dos desesperançosos

ORAÇÃO A SANTA ISABEL DA HUNGRIA

Gloriosa Santa Isabel da Hungria, protetora dos lares e das famílias virtuosas, vós conseguistes a conversão de vosso esposo, o rei, fazendo nascer a fé em seu coração e o sentimento de caridade para com os pobres e humildes.

Vós dedicastes vossa alma à caridade e destes às famílias desamparadas vosso socorro. Assim, cheio de confiança em vossos méritos, rogo-vos vossa intercessão perante Deus, nosso Pai, a fim de que por vós esteja meu lar sempre tranqüilo e que em minha casa jamais falte o suficiente para a manutenção de minha família e para o socorro aos pobres que baterem à nossa porta, implorando auxílio. Amém.

(Rezar um Pai-Nosso e uma Ave-Maria).

Dia consagrado: 17 de novembro
Padroeira da caridade e da Ordem Franciscana

ORAÇÃO A SANTA LUZIA

Ó, Santa Luzia, que em vida floristes aqueles que te conheceram com o teu lindo olhar e a tua beleza singular. Mesmo atingida nos olhos, não duvidastes do poder de Cristo e da proteção de Maria Santíssima. Ajudai-me, pois, a não duvidar da proteção divina e atendei este meu pedido (faça seu pedido).

Agradeço por ter ouvido esta minha súplica e rogo que me defendas da cegueira física e espiritual, assim como os mártires da Igreja souberam testemunhar a sua fé e o seu compromisso de cristãos com a própria vida.

Que eu tenha também a coragem de sempre ter os olhos abertos para a verdade, a justiça, a humildade e o amor pelo Cristo vivo e ressuscitado no meio de nós. Amém.

(Rezar um Pai-Nosso e uma Salve-Rainha).

Dia consagrado: 13 de dezembro
Protetora dos olhos e da visão

ORAÇÃO A SANTA MARTA

Santa Marta, santa minha. Recolhei-me à vossa bondade e amor, com o mesmo carinho e amor que tivestes ao hospedar o Senhor.

Santa Marta, como testemunha que fostes da ressurreição de Lázaro, vosso irmão, intercedei por mim e por todos os meus familiares para que tenhamos sempre o amor de Deus em nossos corações.

Senhor meu Deus, pela intercessão de Santa Marta, vossa serva que tanto vos amou, conceda-me esta graça de que tanto necessito (faça seu pedido). Amém.

(Rezar um Pai-Nosso, uma Ave-Maria e uma Glória-ao-Pai).

Dia consagrado: 29 de julho
Padroeira das arrumadeiras, cozinheiras e lavadeiras

ORAÇÃO A SANTA RITA DE CÁSSIA

Ó, poderosa Santa Rita, chamada Santa dos impossíveis, advogada dos casos desesperadores, auxiliadora da última hora, refúgio e abrigo da dor, que arrasta para o abismo do pecado, e do desespero, que arrasta as almas ao abismo do crime. Com toda confiança no vosso poder junto ao Sagrado Coração de Jesus, a vós recorro neste caso difícil e imprevisto, que dolorosamente oprime o meu coração.

Vós, que também sofrestes dores amargas e santamente derramastes vossas lágrimas, ajudai-me a alcançar a graça que desejo (faça seu pedido) e que me é tão necessária.

Apresentada por vós a minha oração, o meu pedido, por vós que sois tão amada por Deus, certamente serei atendido.

Dizei a Nosso Senhor que me valerei da graça para melhorar a minha vida e os meus costumes e para proclamar na Terra e no Céu a divina misericórdia.

(Rezar um Pai-Nosso, uma Ave-Maria e uma Glória-ao-Pai).

Dia consagrado: 22 de maio
Padroeira das causas impossíveis e dos desesperados

ORAÇÃO A SANTA ROSA DE LIMA

Santa Rosa de Lima, padrão de virtudes, cuja pureza se manifestou sob forma de suave perfume emanado de vosso corpo quando vosso espírito se desprendeu da prisão terrestre, embora meus pecados me tragam envergonhado aos vossos pés, confiando em vossa santidade venho vos apresentar um pedido .

Durante vossa passagem pela terra, fostes distribuidora das graças do Céu; depois de estardes na presença de Nosso Senhor continuastes a operar milagres, em benefício dos pecadores. Animado e confiante, pois, eu suplico por vossa intercessão junto ao Altíssimo, em favor de (diga o nome da pessoa que necessita da graça).

Com a permissão de Deus, todo-poderoso, magnânimo e justo, abri os olhos de (repita o nome da pessoa), tocai sua alma para que ele não se desvie dos ensinamentos de Nosso Senhor. Infundi-lhe o desgosto do vício que está corrompendo seu corpo e seu coração. Afastai de (repita o nome) os maus companheiros. Fazei-o seguir o caminho do bem. Milagrosa e pura Santa Rosa de Lima, ouvi-me e atendei à fervorosa prece que vos dirijo. Amém.

Repetir três vezes: Santa Rosa de Lima, orai por (repita o nome)!

(Rezar um Pai-Nosso, uma Ave-Maria e uma Salve-Rainha).

Dia consagrado: 23 de agosto
Protetora contra vícios e maus costumes

ORAÇÃO A SANTA TERESINHA DO MENINO JESUS

Ó, minha santinha das rosas, padroeira das missões e doutora da igreja, derramai vossas rosas em meu caminho de espinhos.

Acendei uma luz nas noites escuras de minha vida. Curai-me das doenças do corpo e da alma, ajudai-me a ter a coragem de dizer sim quando for para a minha felicidade e não para todo tipo de morte. Abençoai-me, protegei-me e defendei-me na minha missão e ouvi esta minha oração, atendei o meu pedido (faça seu pedido).

Como prova do meu amor, eu vos oferecerei uma rosa na igreja mais próxima onde estiver a tua imagem. Obrigado me atender. Amém.

(Rezar um Pai-Nosso, uma Ave-Maria e uma Glória-ao-Pai).

Dia consagrado: 1º de outubro
Padroeira das missões

VÁRIAS FACES DE NOSSA SENHORA

Existem centenas de aparições da Virgem Maria pelos quatro cantos do mundo. Em cada uma delas, sempre que reconhecida pela Igreja, a mãe de Deus trouxe aos homens importantes mensagens, quer profetizando acontecimentos, quer recordando a palavra de Deus, num contínuo exercício de renovação de fé.

Tais aparições projetam-se, muitas vezes, através de imagens e sons/palavras, podendo ser acompanhadas por milagres comprobatórios. Em geral, quando acontece esse tipo de manifestação, a Virgem Maria é chamada "Nossa Senhora", incorporando em seu nome o local da aparição (ex.: de Lourdes, da Salete, etc.) ou uma condição específica (ex.: Aparecida, das Graças, Auxiliadora).

ORAÇÃO A NOSSA SENHORA APARECIDA

Ó, incomparável Senhora da Conceição Aparecida, mãe de Deus, rainha dos Anjos, advogada dos pecadores, refúgio e consolação dos aflitos, livrai-nos de tudo o que possa oferder-vos e a vosso Santíssimo Filho, meu redentor, querido Jesus Cristo.

Virgem bendita, dai proteção a mim e a minha família contra as doenças, a fome, os assaltos, os raios e outros perigos que nos possam atingir. Soberana Senhora, dirigi-nos em todos os negócios materiais, espirituais e temporais.

Livrai-nos das tentações do demonio para que, trilhando o caminho da virtude, vos possamos ver, amar e desfrutar da eterna glória por todos os séculos. Amém.

(Rezar um Pai-Nosso e uma Ave-Maria).

Dia consagrado: 12 de outubro
Invocada nas causas urgentes, padroeira do Brasil.

ORAÇÃO A NOSSA SENHORA AUXILIADORA

Ó Maria, Virgem poderosa! Tu, grande e ilustre defensora da Igreja, tu, auxílio maravilhoso dos cristãos, tu, terrível como um exército ordenado em batalha, tu, que sozinha destruíste toda heresia em todo o mundo: nas nossas angústias, nas nossas lutas, nas nossas aflições, defende-nos do inimigo; e na hora da morte, acolhe a nossa alma no paraíso. Amém.

(Rezar um Pai-Nosso e uma Ave-Maria).

Dia consagrado: 24 de maio

ORAÇÃO A NOSSA SENHORA DO CARMO

Ó, bendita e Imaculada Virgem Maria, honra e Esplendor do Carmelo! Concedei a vossa bênção para todos os que levam, com carinho, o vosso escapulário.

Olhai para mim benignamente e cobri-me com o manto de vossa maternal proteção. Dai-me forças para vencer com fé as contrariedades de cada dia. Iluminai o meu pensamento, o meu coração, a minha vida toda.

Enchei-me com a sabedoria do vosso Filho Jesus. Acendei a minha fé. Fortalecei a minha esperança. Animai a minha caridade, o meu amor a Deus e ao próximo.

Aumentai a minha fortaleza espiritual. Fazei-me verdadeiro apóstolo do vosso Filho Jesus, nosso Irmão. Que eu nunca falte a quem precisar de mim.

Apresentai-me todos os dias à Trindade Santíssima. E que no céu possa estar convosco, louvando e agradecendo ao Pai, ao Filho e ao Espírito Santo.

Nossa Senhora do Carmo, rogai pelas benditas almas do purgatório. Amém.

(Rezar um Pai Nosso e uma Ave-Maria).

Dia consagrado: 16 de julho

ORAÇÃO A NOSSA SENHORA DA CONCEIÇÃO

Virgem Santíssima, que fostes concebida sem o pecado original e por isto merecestes o título de Nossa Senhora da Imaculada Conceição. Por terdes evitado todos os outros pecados, o Anjo Gabriel vos saudou com as belas palavras: "Ave Maria, cheia de graça". Nós vos pedimos que nos alcanceis do vosso divino Filho o auxílio necessário para vencermos as tentações e evitarmos os pecados. E já que vos chamamos de Mãe, atendei com carinho maternal esta graça: (faça seu pedido); para que possamos viver como dignos filhos vossos.

Nossa Senhora da Conceição, rogai por nós. Amém.

(Rezar um Pai-Nosso e uma Ave-Maria).

Dia consagrado: 8 de dezembro

ORAÇÃO A NOSSA SENHORA DESATADORA DOS NÓS

Santa Mãe, cheia da graça de Deus, ao longo de vossa vida nunca fostes cativa das tentações do Maligno, pois aceitastes, sem jamais duvidar, a vontade do Senhor. Intercedestes sempre por nós com nossos problemas, como nas Bodas de Canaã, ensinando-nos como desamarrar o nó de nossas dificuldades. Jesus, na triste tarde de Sua morte, deixou-vos como nossa Mãe e como mãe ordenais e facilitais nossa união com o Senhor.

Santíssima Virgem, Nossa Mãe, que desatais os nós que dificultam nossa vida, pedimo-vos que recebais em vossa mãos maternais (diga o nome da pessoa com problema). Livrai-o(a) das ataduras e desvios com os quais o(a) tenta o Maligno!

Por vossa intercessão, livrai-nos o Senhor de todo o mal! Querida Mãe, desatai os nós que nos separam de Deus para que, livres do pecado, nós O busquemos e O encontremos em nosso semelhante, bendizendo-O sempre como nosso Pai e único Senhor. Amém.

(Rezar um Pai-Nosso e uma Ave-Maria).

ORAÇÃO A NOSSA SENHORA DAS GRAÇAS

Eu vos saúdo, ó, Maria, cheia de Graça! Das vossas mãos voltadas para o mundo as graças chovem sobre nós.

Nossa Senhora das Graças, vós sabeis quais são as graças mais necessárias para nós; mas eu vos peço, de maneira especial, que me concedais esta que vos peço, com todo o fervor de minha alma (faça seu pedido).

Jesus é todo-poderoso e vós sois a Mãe dele; por isso, Nossa Senhora das Graças, confio e espero alcançar o que vos peço.

Por Nosso Senhor Jesus Cristo, na unidade do Espírito Santo. Amém.

(Rezar um Pai-Nosso e uma Ave-Maria). Repetir esta oração por mais 2 dias.

Dia consagrado: 27 de novembro

ORAÇÃO A NOSSA SENHORA DE FÁTIMA

Santíssima Virgem, que nos montes de Fátima vos dignastes revelar aos três pastorinhos os tesouros de graças que podemos alcançar, rezando o Santo Rosário, ajudai-nos a apreciar sempre mais esta Santa Oração, para que, meditando os mistérios da nossa redenção, alcancemos as graças que insistentemente vos pedimos (pedir a graça).

Ó, meu bom Jesus, perdoai-nos, livrai-nos do fogo do inferno, levai as almas todas para o céu e socorrei principalmente as que mais precisarem.

Nossa Senhora do Rosário de Fátima, rogai por nós. Amém.

(Rezar um Pai-Nosso e uma Ave-Maria).

Dia consagrado: 13 de maio

ORAÇÃO A NOSSA SENHORA DE LOURDES

Ó, Virgem puríssima, Nossa Senhora de Lourdes, que vos dignastes aparecer a Bernadete no lugar solitário de uma gruta para nos lembrar que é no sossego e recolhimento que Deus nos fala e nós falamos com ele; ajudai-nos a encontrar o sossego e a paz da alma que nos ajudem a conservar-nos sempre unidos a Deus.

Nossa Senhora da gruta, dai-me a graça que vos peço e de que tanto preciso (faça seu pedido). Nossa Senhora de Lourdes, rogai por nós. Amém.

(Rezar um Pai Nosso e uma Ave Maria).

Dia consagrado: 11 de fevereiro

ORAÇÃO A NOSSA SENHORA DA SALETE

Lembrai-vos, ó Nossa Senhora da Salete, das lágrimas que derramastes por nós no Calvário. Lembrai-vos também dos cuidados que, sem cessar, tendes por vosso povo, a fim de que, em nome de Cristo, se deixe reconciliar com Deus. E vede se, depois de tanto terdes feito por vossos filhos, podeis agora abandoná-los. Reconfortados por vossa ternura, ó Mãe, eis-nos aqui suplicantes, apesar de nossa infidelidade e ingratidão.

Não rejeiteis nossa oração, ó Virgem Reconciliadora, mas volvei nosso coração para vosso Filho. Alcançai-nos a graça de amar Jesus acima de tudo e de vos consolar por uma vida de doação, para a glória de Deus e o amor de nossos irmãos. Amém.

(Rezar um Pai-Nosso e uma Ave-Maria).

Dia consagrado: 19 de setembro

PERSONALIDADES DA DEVOÇÃO BRASILEIRA

O devocionário brasileiro também apresenta personalidades a quem são atribuídos milagres e que arrastam multidões de fiéis em marcantes procissões de fé.

Como o famoso "padrinho" Padre Cícero, de Juazeiro do Norte, Ceará. Ou Irmã Dulce, protetora dos pobres, conhecida como "o Anjo Bom da Bahia". E ainda o beato Frei Galvão e suas famosas "pílulas" milagrosas, até hoje fabricadas pelas freiras do Mosteiro da Luz, em São Paulo. Recolhemos aqui, carinhosa e respeitosamente, as orações populares já consagradas a estas generosas criaturas.

Incluímos também uma oração ao Anjo da Guarda para ser ensinada aos pequeninos; a oração ao Divino Espírito Santo e a poderosa oração das 13 Almas, para quem deseja alcançar uma graça.

Registramos ainda a belíssima Oração Universal – também conhecida como Oração para Todas as Ocasiões – criada por São Tomás de Aquino. E a Prece de Cáritas, sempre presente nos lares e nas sessões onde o espiritualismo ou o kardecismo tradicional se fazem presentes.

ORAÇÃO AO FREI ANTÔNIO DE SANT'ANNA GALVÃO

Ó, Deus, que inspirastes o Beato Frei Antônio de Sant'Anna Galvão em sua extraordinária caridade com os enfermos, os aflitos e os escravos de sua época no Brasil, dai-me o Vosso espírito de amor para que eu saiba suportar com paciência meus sofrimentos.

Intercedei junto a Jesus Cristo, que tanto amastes, e neste momento de dor (faça seu pedido) que não me falte a força e a coragem de suportar a doença; fortalecei meu ânimo onde, passando pelo sofrimento, purifique-me dos meus pecados para que eu também possa ajudar meus irmãos mais necessitados. Amém.

(Rezar um Pai-Nosso, uma Ave-Maria e uma Glória ao Pai) . Repetir esta oração por mais 3 dias

Dia consagrado: 25 de outubro
Padroeiro da construção civil. Protetor contra doenças e enfermidades

ORAÇÃO AO PADRE CÍCERO DE JUAZEIRO

Jesus de Nazaré, filho da Virgem Maria,
Eu vos peço, pelo amor de meu Padre Cícero,
Que meu corpo não seja preso nem ferido,
Com o leite da Virgem Maria serei protegido.

Pelo meu santo Padre Cícero de Juazeiro,
Com alegria,
Que eu e minha família sejamos guardados
De noite e de dia.

Padre Cícero de Juazeiro, rogai por nós. Amém.

(Rezar um Pai -Nosso, uma Ave-Maria e uma Glória ao Pai).

Dia consagrado: 24 de maio
Obs.: Embora seja considerado santo por muitos de seus devotos, Padre Cícero não foi ainda canonizado.

ORAÇÃO A IRMÃ DULCE

Santinha do amor, ensina-me a perdoar
Santinha da fraternidade, ensina-me a partilhar
Santinha do silêncio, ensina-me a dialogar
Santinha da caridade, ensina-me a ajudar
Santinha da perseverança, ensina-me a caminhar
Santinha da confiança, ensina-me a acreditar
Santinha da verdade, ensina-me a falar
Santinha dos sofredores, ensina-me a ressuscitar
Santinha da amizade, ensina-me a cultivar
E que o espírito santo venha me iluminar
Ouve esta minha prece, atende meu clamor (faça seu pedido).
Que o Cristo e a Virgem Maria venham em meu favor.
Amém.

(Rezar um Pai-Nosso e uma Ave-Maria).

Dia consagrado: 13 de março
Protetora dos pobres e dos órfãos

ORAÇÃO AO ANJO DA GUARDA (PARA CRIANÇAS)

Jesus, hoje quero pedir-lhe uma porção de coisas, porque eu sei que você escuta sempre a oração dos pequeninos.

Veja Jesus, eu ainda sou uma criança, mas faça que eu cresça e seja como o papai e a mamãe.

Que eles sejam muito felizes; que eu os ame sempre, seja um filho obediente e um dia seja grande e bom como eles.

Proteja meus professores, que me ensinam tantas coisas bonitas. Eles me ensinaram que um dia você disse: "Deixai vir a mim os pequeninos". Então, Jesus, acolha nos seus braços a mim, todos os meus coleguinhas e as crianças do mundo inteiro.

Que todos nós sejamos alegres e felizes e amanhã possamos fazer alguma coisa por aqueles que hoje fazem tanto por nós.

Jesus, eu lhe peço: fique sempre conosco e abençoe, hoje e sempre, todas as crianças do mundo inteiro. Amém.

(Rezar um Pai-Nosso e uma Ave-Maria, preferencialmente antes de deitar-se).

ORAÇÃO AO DIVINO ESPÍRITO SANTO

Espírito Santo, vós que me esclareceis em tudo, vós que iluminais todos os caminhos para que eu atinja o meu ideal, vós que me dais o dom divino de perdoar e esquecer o mal que me fazem, quero, neste curto diálogo, agradecer-vos por tudo e confirmar mais uma vez que jamais quero separar-me de vós, por mais fortes que sejam as tentações materiais.

Pelo contrário, quero tudo fazer em prol da humanidade para que possa merecer a glória perpétua na vossa companhia e na companhia de meus irmãos.

Ó, divino Espírito Santo, iluminai-me! Amém.

(Rezar um Pai-Nosso e uma Ave-Maria).

Fazer esta oração durante três dias seguidos; dentro de três dias será alcançada a graça desejada, por mais difícil que seja.

ORAÇÃO ÀS 13 ALMAS

Ó, minhas treze almas benditas, sábias e entendidas, eu vos peço, pelo amor de Deus, atendei o meu pedido (faça seu pedido).

Minhas treze almas benditas, sábias e entendidas, vos peço pelo sangue que Jesus derramou, atendei o meu pedido. Pelas gotas de suor que Jesus derramou do seu sagrado corpo, atendei o meu pedido.

Meu senhor Jesus Cristo, que a vossa proteção me cubra em vossos braços, me guarde no vosso coração e me proteja com vossos olhos.

Ó, Deus de bondade, Vós sois meu advogado na vida e na morte, peço-vos que atendei o meu pedido, livrai-me dos males e dai-me sorte na vida.

Segui meus inimigos, que os olhos do mal não me vejam, cortai a força dos meus inimigos.

Minhas treze almas benditas, sábias e entendidas, se me fizerem alcançar esta graça (repita seu pedido) tornar-me-ei vosso devoto e mandarei rezar uma missa em vossa intenção. Amém.

(Rezar treze Pai-Nossos e treze Ave-Marias durante treze dias seguidos).

Dia consagrado às Almas: segunda-feira

ORAÇÃO UNIVERSAL
SÃO TOMÁS D'AQUINO

Que eu chegue a ti, Senhor, por um caminho seguro e reto; caminho que não se desvie nem na prosperidade nem na adversidade, de tal forma que eu te dê graças nas horas prósperas e nas adversas conserve a paciência, não me deixando exaltar pelas primeiras nem abater pelas outras.

Que nada me alegre ou entristeça, exceto o que me conduza a ti ou que de ti me separe. Que eu não deseje agradar nem receie desagradar senão a ti. Tudo o que passa tome-se desprezível a meus olhos por tua causa, Senhor, e tudo o que te diz respeito me seja caro, mas tu, meu Deus, mais do que o resto.

Que qualquer alegria sem ti me seja fastidiosa e que nada eu deseje fora de ti. Qualquer trabalho, Senhor, feito por ti, me seja agradável e insuportável aquele de que estiveres ausente. Concede-me a graça de erguer continuamente o coração a ti; e que quando eu caia, me arrependa. Torna-me, Senhor meu Deus, obediente, pobre e casto; paciente sem reclamação; humilde sem fingimento; alegre sem dissipação; triste sem abatimento; reservado sem rigidez; ativo sem leviandade; animado pelo temor sem desânimo; sincero sem duplicidade; bom sem presunção; correto sem altivez; edificando-O com palavras e exemplos sem falsidade.

Dá-me, Senhor Deus, um coração vigilante, que nenhum pensamento curioso arraste para longe de ti; um coração nobre que nenhuma afeição indigna debilite; um coração reto que nenhuma intenção equívoca desvie; um coração firme, que nenhuma adversidade abale; um coração livre, que nenhuma paixão subjugue.

Concede-me, Senhor meu Deus, uma inteligência que te conheça, uma vontade que te busque, uma sabedoria que te encontre, uma vida que te agrade, uma perseverança que te espere com confiança e uma confiança que te possua, enfim. Amém.

Dia consagrado: 28 de janeiro
São Tomás de Aquino é o Padroeiro dos Estudantes, das Escolas e das Universidades

PRECE DE CARITAS

Deus, nosso pai, que sois todo poder e bondade, dai a força àquele que passa pela provação, dai luz àquele que procura a verdade, ponde no coração do homem a compaixão e a caridade.

Deus, dai ao viajor a estrela-guia, ao aflito a consolação, ao doente o repouso. Pai, dai ao culpado o arrependimento, dai ao espírito a verdade, dai à criança o guia, ao órfão o pai.

Senhor, que a Vossa bondade se estenda sobre tudo o que criastes. Piedade, meu Deus, para aqueles que não vos conhecem, esperança para aqueles que sofrem. Que a Vossa bondade permita hoje, aos espíritos consoladores, derramarem por toda parte a paz, a esperança e a fé.

Deus, um raio, uma faísca do Vosso amor pode abrasar a terra; deixai-nos beber na fonte dessa bondade infinita e fecunda e todas as lágrimas secarão, todas as dores se acalmarão; um só coração, um só pensamento surgirá até Vós, como um grito de reconhecimento e amor.

Como Moisés sobre a montanha, nós Vos esperamos com os braços abertos para Vós, ó, Poder, ó, Bondade, ó, Beleza, ó, Perfeição; e queremos, de alguma sorte, forçar Vossa misericórdia.

Deus, dai-nos a força de ajudar o progresso a fim de subirmos até Vós. Dai-nos a caridade pura, dai-nos a fé e a razão. Dai-nos a simplicidade, que fará de nossas almas o espelho onde se deve refletir a Vossa imagem.

ORAÇÕES CLÁSSICAS
PAI-NOSSO

Pai nosso, que estais no Céu, santificado seja o vosso nome, venha a nós o vosso reino, seja feita a vossa vontade, assim na terra como no Céu.

O pão nosso de cada dia nos dai hoje, perdoai as nossas dívidas(*), assim como nós perdoamos os nossos devedores e não nos deixeis cair em tentação, mas livrai-nos do mal. Amém.

(*) Numa nova versão o texto recebeu a seguinte interpretação: perdoai as nossas ofensas, assim como nós perdoamos a quem nos tenha ofendido e não nos deixeis...

AVE-MARIA

Ave Maria, cheia de graça, o Senhor é convosco, bendita sois vós entre as mulheres, bendito é o fruto do vosso ventre, Jesus.

Santa Maria, Mãe de Deus, rogai por nós pecadores, agora e na hora da nossa morte. Amém.

GLÓRIA AO PAI

Glória ao Pai e ao Filho e ao Espírito Santo.

Assim como era no princípio, agora e sempre, e por todos os séculos dos séculos. Amém.

Salve-Rainha

Salve Rainha, Mãe de misericórdia, vida, doçura e esperança nossa, salve! A vós bradamos os degradados filhos de Eva. A vós suspiramos, gemendo e chorando neste vale de lágrimas.

Eia pois, advogada nossa, esses vossos olhos misericordiosos a nós volvei. E depois deste desterro, mostrai-nos Jesus, bendito fruto de vosso ventre, ó, clemente, ó, piedosa, ó, doce sempre Virgem Maria!

Rogai por nós Santa Mãe de Deus...

... para que sejamos sempre dignos das promessas de Cristo. Amém.

CREDO

Creio em Deus Pai Todo-Poderoso, criador do Céu e da Terra. E em Jesus Cristo, seu único Filho Nosso Senhor, que foi concebido pelo poder do Espírito Santo, nasceu da Maria Virgem, padeceu sob Pôncio Pilatus, foi crucificado, morto e sepultado, desceu à mansão dos mortos, ressucitou ao terceiro dia, subiu ao Céu, está sentado à direita de Deus Pai Todo-poderoso, de onde há de vir a julgar os vivos e mortos.

Creio no Espírito Santo, na Santa Igreja Católica, na comunhão dos santos, na remissão dos pecados, na ressurreição da carne, na vida eterna. Amém.

Este Credo é o que se reza normalmente no Terço.

O santo de cada dia

Para cada dia do ano existem vários santos padroeiros. Muitas vezes, a data de nascimento de vários santos e santas pode coincidir. Mas, não é apenas este dado que se leva em conta na elaboração de tais efemérides. A data consagrada a um mesmo santo, por exemplo, pode variar, como no caso de São João Batista; alguns estudiosos consideram 24 de junho – dia do seu nascimento – sua data comemorativa, enquanto outros consagram ao santo o dia 29 de agosto – data de seu martírio.

Existem também vários santos com o mesmo nome, muitas vezes diferenciados através de um sobrenome ou da localidade em que viveram, como o caso de São Francisco de Assis, São Francisco Xavier e São Francisco Fernandes de Capillas. Pode ocorrer ainda de um mesmo santo apresentar nomes diferentes, como São Valentim/São Valentino ou Santa Águeda/ Santa Ágata. Nesses casos, optamos por colocar também, entre parênteses, a segunda versão.

Selecionamos, pois, dentre os vários resultados obtidos através de nossa pesquisa, os santos e santas mais conhecidos no Brasil. Nesta listagem sugerimos, sempre que possível, um padroeiro/padroeira para cada dia, considerando a antiga tradição – adotada amplamente pelo povo brasileiro – de inspirar-se no "santo do dia" na escolha do nome de um recém-nascido.

JANEIRO

1 - Santa Martinha, São Guilherme de Dijon
2 - São Basílio Magno, São Macário de Alexandria
3 - Santa Genoveva, São Florêncio
4 - Santa Ângela de Foligno, São Marciano
5 - São Gerlach, São João Nepomuceno
6 - Reis Magos (Gaspar, Baltazar, Melchior)
7 - Santa Virgínia, São Luciano de Antióquia
8 - São Severino, Santo Antonio de Catigeró
9 - Santa Marciana, São Felipe
10 - Santo Aldo, São Gonçalo do Amarante
11 - Santa Hortência, Santo Higino
12 - Santa Vitória, São Bento Biscop
13 - Santa Verônica de Milão, Santo Hilário de Poitiers
14 - Santa Ida, São Malaquias
15 - Santa Secundina, Santo Amaro (Mauro)
16 - Santa Priscila, São Marcelo
17 - Santa Rosalina, Santo Antão
18 - Santa Beatriz de Vicência, São Jaime
19 - Santa Marta, São Mário
20 - São Fabiano, São Sebastião
21 - Santa Inês, São Epifânio
22 - Santo Anastácio, São Vicente de Espanha (Paloti)
23 - São Clemente, São João Esmoler
24 - São Feliciano, São Francisco de Sales
25 - Santa Elvira, São Paulo
26 - Santa Paula, São Timóteo
27 - Santa Ângela de Médici, São Mauro da Gália
28 - S. Leônidas, São Tomás de Aquino

29 - São Sulpício Severo, São Valério
30 - Santa Sabrina, São Hipólito
31 - Santa Marcela, São João Bosco

FEVEREIRO

1 - Santa Brígida, São Severo
2 - Santa Aída, São Cornélio
3 - Santa Claudina, São Brás
4 - Santa Catarina de Ricci, São João de Brito
5 - Santa Águeda (Ágata), São Pedro Batista
6 - Santa Dorotéa, São Paulo Miki
7 - Santa Juliana, São Romualdo
8 - São Jerônimo Emiliano, São Juvêncio
9 - Santa Apolônia, São Miguel Cordeiro de Febres
10 - Santa Escolástica, Santo Arnaldo
11 - Nossa Senhora de Lourdes, São Lázaro
12 - Santa Eulália de Barcelona, São Julião (Juliano
13 - Santa Eustáquia, São Estevão de Rieti
14 - São Cirilo, São Valentim (Valentino)
15 - Santa Geórgia, São Teotônio
16 - São Daniel, São Jeremias
17 - Santa Beatriz, São Rômulo
18 - Santa Bernardete, São Heládio
19 - Santa Belina, São Conrado de Placença
20 - São Eleutério, São Nemésio
21 - São Fortunato, São Severiano
22 - Santa Leonor, Santo Abílio
23 - São Policarpo, São Romano

24 - Santa Constância, São Sérgio
25 - São Hereno, São Valério
26 - São Nestor, São Porfírio
27 - Santa Horina, São Baldomero
28 - São Romão (Romano), São Rufino
29 - Santa Antonieta, Santo Aquilino

MARÇO

1 - Santa Eudócia (Eudóxia), São Albino
2 - Santo Inês de Praga, São Lúcio
3 - Santa Márcia, São Marino (Marinho)
4 - São Arcádio, São Casimiro
5 - São Eusébio, São José da Cruz
6 - Santa Rosa do Viterbo, São Olegário
7 - Santa Felicidade, São Saturnino
8 - Santa Aurélia, São João de Deus
9 - Santa Francisca Romana, São Domingos Sávio
10 - Santa Anastácia, São Crescêncio
11 - Santa Áurea, São Constantino
12 - São Inocêncio, São Maximiliano
13 - Santa Patrícia, São Rodrigo
14 - Santa Matilde, São Eutíquio (Eustíquio, Eutéquio)
15 - Santa Luiza de Marillac, São Clemente Faria
16 - São Heriberto, São Taciano
17 - Santa Gertrudes de Nivelles, São Patrício
18 - São Cristiano, São Venâncio
19 - Santo Apolônio, São Amâncio
20 - Santa Cláudia, São Teodósio
21 - São Lupicínio, São Serapião

22 - Santa Léa (Lia), São Otaviano
23 - São Fidélis, São Turíbio de Mongrovejo
24 - Santa Catarina da Suécia, São Simeão
25 - Santa Lúcia, São Quirino (Cirino)
26 - Santa Máxima, São Bráulio
27 - Santa Lídia, São Guilherme Tempier
28 - Santa Gisela, São Gontrão
29 - São Jonas, São Vitorino
30 - São João Clímaco, São Zózimo
31 - Santa Balbina, São Benedito

ABRIL

1 - Santa Teodora, São Venâncio
2 - Santa Maria do Egito, São Francisco de Paula
3 - Santa Irene, São Ricardo de Chichster
4 - Santa Ludovina, Santo Isidoro de Sevilha
5 - Santa Emília, SãoVicente Ferrer
6 - São Genaro, São Celestino
7 - Santa Ursulina, São João Batista de La Salle
8 - Santa Máxima, São Dionísio
9 - Santa Cacilda, São Demétrio
10 - São Dimas, São Terêncio
11 - Santa Gemma Galgani, São Estanislau
12 - Santa Ida, São Júlio
13 - São Hermenegildo, São Márcio
14 - Santa Livínia, São Valeriano
15 - Santa Anastácia, São Telmo
16 - Santa Bernardete, São Clemêncio
17 - São Aniceto, São Elias

18 - Santa Maria da Encarnação, São Eleutério
19 - Santa Gálata, Santo Expedito
20 - São Sulpício, São Teodoro de Siqueon
21 - São Anselmo, São Silvio
22 - São Lúcio, São Sotero
23 - São Adalberto de Praga, São Jorge
24 - Santa Maria Eufrásia, São Fidélis de Sigmaringa
25 - São Hermógenes, São Marcos
26 - Santa Exuperância, São Marcelino
27 - Santa Zita de Lucca, São Tiago de Illiria
28 - Santa Valéria, São Luquésio
29 - Santa Catarina de Sena, São Hugo Cluny
30 - Santa Sofia, São Lourenço de Novara

Maio

1 - Santa Grata, São José Operário
2 - Santa Zoé, Santo Atanásio
3 - Santa Maura, São Tiago Menor
4 - Santa Pelágia, São Gregório, o Iluminado
5 - São Gerôncio, São Silvano
6 - Santa Judite, São Edilberto
7 - Santa Flávia Domitila, São Juvenal
8 - São Acácio, São Desiderato (Desidério)
9 - Santa Catarina de Bolonha, São Nicholas
10 - Santa Solange, São Cataldo
11 - Santa Felisa, São Florêncio
12 - Santa Imelda, São Pancrácio
13 - Nossa Senhora de Fátima, São Múcio
14 - Santa Cora, São Matias

15 - Santa Dionísia, São Torquato Ruperto
16 - Santa Margarida de Cortona, São João Nepomuceno
17 - Santa Basília, São Pascoal Baylon
18 - Santa Alexandra, São Teódoto
19 - Santa Prudenciana, Santo Ivo
20 - São Austregésilo, São Bernardino de Sena
21 - Santa Gisela, São Sinésio
22 - Santa Rita de Cássia, São Joaquim
23 - São Eufébio, São Guilherme de Norwich
24 - Nossa Senhora Auxiliadora, Padre Cícero
25 - Santa Beda, Santo Adelmo
26 - Santa Eva de Liège, São Felipe Neri
27 - Santo Agostinho de Cantuária, São Hildeberto
28 - Santa Margarida Pole, São Germano de Paris
29 - Santa Teodósia, São Cirilo de Cesárea
30 - Santa Joana D'Arc, São Basílio
31 - Santa Amélia, São Lupicínio

junho

1 - Santa Cândida, São Justino
2 - Santa Blandinaa, São Erasmo (Elmo)
3 - Santa Clotilde, São Carlos Lwanga
4 - Santa Rute, São Quintino
5 - Santa Valéria, São Bonifácio
6 - Santa Paulina, São Cláudio
7 - Sant'Ana de S. Bartolomeu, S. Pedro de Córdoba
8 - São Guilherme de York, São Salustiano
9 - Santa Diana, São Colombo
10 - Santa Olívia, São Getúlio

11 - Santa Adelaide (Alaídes), São Barnabé
12 - Santa Iolanda, Santo Onofre
13 - Santa Aquilina, Santo Antonio de Pádua
14 - Santa Digna, Santo Eliseu
15 - Santa Eutropia, São Vito
16 - Santa Alina, Santo Beno
17 - São Isauro, São Ismael
18 - Santa Marina, São Gregório Barbarigo
19 - Santa Juliana de Falconiere, São Romualdo
20 - Santo Florentina, São Silvério
21 - Santa Demétria, São Luiz Gonzaga
22 - São Flávio Clemente, São Tomas More
23 - Santa Agripina, São José Cafasso
24 - São Fausto, São João Batista
25 - Santo Adalberto, São Próspero da Aquitânia
26 - São Rodolfo, São Sávio
27 - São Cirilo de Alexandria, São Emiliano
28 - Santa Vicência, São Irineu
29 - Santa Benedita, São Pedro
30 - Santa Lucina, São Marçal

julho

1 - Santa Leonora, São Teodorico
2 - Santo Otão (Oto de Bamberga), São Vidal
3 - São Jacinto, São Tomé
4 - Santa Isabel de Portugal, Santo André de Creta
5 - Santa Cirila, Santo Antonio Maria Zacaria
6 - Santa Maria Goretti, São Tranqüilino
7 - Santa Eda, São Vilibaldo

8 - Santo Áquila, São Procópio
9 - Santa Verônica Giuliane, São Nicolau Pick
10 - São Maurício, São Silvano
11 - Santa Olga, São Bento
12 - Santa Epifana, São João Gualberto
13 - Santa Sara, São Henrique
14 - Santa Adélia, São Francisco Solano
15 - Santa Rosália, São Boaventura de Albano
16 - Nossa Senhora do Carmo, São Hilarino (Helério)
17 - Santa Marcelina, Santo Aleixo
18 - São Frederico, Santo Estácio
19 - Santa Rufina, São Símaco
20 - Santa Margarida, São Elias
21 - Santa Jacundina, São Vítor
22 - Santa Maria Madalena, São Teófilo
23 - Santa Erundina, São Libório
24 - Santa Niceta, São Ursino
25 - Santa Valentina, São Cristóvão
26 - Sant'Ana, São Joaquim
27 - Santa Natália, São Pantaleão
28 - Santo Acácio, Santo Inocêncio
29 - Santa Marta, São Lázaro
30 - Santa Julita, São Pedro Crisólogo
31 - São Fábio, Santo Inácio de Loyola

AGOSTO

1 - Santa Sofia, Santo Afonso Maria de Ligório
2 - Santa Teodata, São Pedro Julião Eymard

3 - Santa Lídia, São Nicodemus
4 - Santa Violeta, São João Maria Vianney
5 - Santa Nona, São Emídio
6 - Santa Berta, São Agapito
7 - Santo Alberto, São Caetano
8 - São Domingos de Gusmão, São Emiliano
9 - Santa Edite Stein, São Romão
10 - Santa Filomena, São Lourenço
11 - Santa Clara de Assis, São Alexandre
12 - Santa Felicíssima, Santo Anacleto
13 - Santa Concórdia, São Hipólito
14 - Santa Atanásia, São Maximiliano Maria Kolbe
15 - Santo Alípio, São Arnulfo de Soissons
16 - Santa Serena, São Roque
17 - Santa Beatriz da Silva, São Jacinto
18 - Santa Helena, São Lauro
19 - São João Eudes, São Mariano
20 - São Bernardo, São Samuel
21 - Santa Humbelina, São Fidel
22 - São Felipe Benício, São Abriciano
23 - Santa Rosa de Lima, Santo Ovídio
24 - Santa Emília, São Bartolomeu
25 - Santa Lucíola, São Luís de França
26 - Santa Isabel Richier, Santo Irineu
27 - Santa Mônica, São Licínio
28 - Santo Agostinho, São Clemente
29 - Santa Sabina, São Hipácio
30 - Santa Faustina, São Fiacre
31 - Santo Aristides, São Raimundo Nonato

SETEMBRO

1 - Santo Artur, Santo Egídio (Gil)
2 - Santa Raquel, São Severino Giraud
3 - Santa Brasilissa, São Gregório Magno
4 - Santa Rosa do Viterbo, São Bonifácio
5 - Santa Odília, São Vitorino
6 - São Petrônio, São Zacarias
7 - Santa Regina, São Clodoaldo
8 - Santa Natália, Santo Adriano
9 - Santa Serafina, São Pedro Claver
10 - Santa Cândida, São Nicolau de Tolentino
11 - Santa Teodora, São Teomedes
12 - Santa Vitória Fornari, São Guido de Anderlecht
13 - São João Crisóstomo, São Tobias
14 - Santa Salustia, Santa Notemburga
15 - São Emílio, São Nicomedes
16 - Santa Edith, São Cipriano
17 - Santa Colomba, São Roberto Belarmino
18 - Santa Irene, São Pânfilo
19 - Nossa Senhora da Salete, São José de Cupertino
20 - Santa Fausta, São Eustáquio
21 - Santa Efigênia, São Mateus
22 - Santa Digna, São Maurício
23 - Santa Tecla de Icônio, São Constâncio
24 - São Geraldo de Csanad, São Pacífico
25 - Santa Aurélia, São Herculano
26 - São Cosme e São Damião
27 - São Fidêncio, São Vicente de Paulo
28 - Santa Eustáquia, São Bernardino de Feltre

29 - São Gabriel, São Miguel e São Rafael
30 - Santa Sofia, São Jerônimo

OUTUBRO

1 - Santa Terezinha do Menino Jesus, São Remígio
2 - São Custódio, São Leodegário
3 - Santa Maria Josefa Rossello, São Hesíquio
4 - São Francisco de Assis, São Petrônio
5 - Santa Flávia, São Plácido
6 - Santa Maria Francisca, São Bruno
7 - Santo Augusto, São Helano
8 - Santa Taís, São Nestor
9 - Santa Anastácia, São Dionísio
10 - São Hugo, São Francisco de Borja
11 - Santa Zenaide, São Gumário
12 - Nossa Senhora Aparecida, São Serafim
13 - Santo Eduardo, São Venâncio
14 - Santa Fortunata, São Calisto
15 - Santa Teresa D'Ávila, São Eutímio
16 - Santa Edwiges, São Geraldo Magela
17 - Santa Etel, Santo Inácio de Antióquia
18 - Santa Cirila, São Lucas
19 - Santa Laura, São Pedro de Alcântara
20 - Santa Maria Bertilla Boscardim, São Artêmio
21 - Santa Úrsula, São Dásio
22 - Santa Josefina Leroux, São Heráclito
23 - Santa Vera, São João de Capistrano
24 - Santo Antonio de Maria Claret, São Evergílio
25 - Irmã Dulce, São Crispiniano

26 - Santo Bernardo, São Luciano
27 - Santa Sabina, São Vicente D'Ávila
28 - São Judas Tadeu e São Simião
29 - Santa Eusébia, São Petrônio
30 - São Marcelo, São Tomás Bellagio
31 - Santo Afonso de Paula, São Quintino

NOVEMBRO

1 - Santa Penélope, São Tiago da Pérsia
2 - São Pápias, São Vitório
3 - Santa Silvia, Santo Humberto
4 - Santo Amâncio, São Carlos Borromeu
5 - Santa Isabel, São Zacarias
6 - Santa Beatriz, São Leonardo de Noblac
7 - Santa Carina, Santo Amarante
8 - Santa Deusdete, São Godofredo
9 - São Maturino, Santo Oreste
10 - Santa Ninfa, São Noé
11 - Santa Cristiana, São Martinho de Tours
12 - São Josafá, São Levino
13 - São Diogo, São Estanislau Kostka
14 - Santa Adeltruda, São Lourenço
15 - Santo Alberto Magno, São Leopoldo
16 - Santa Gertrudes Magna, São Valério
17 - Santa Isabel da Hungria, São Gregório Taumaturgo
18 - Santa Carolina Kozka, São Aurélio
19 - Santa Inês de Assis, São Roque Gonzales
20 - Santo Edmundo, São Otávio
21 - São Celso, São Esteves

22 - Santa Cecília, São Bernardino de Sienna
23 - Santa Felicita, São Clemente
24 - Santa Flora, São Crisógeno
25 - Santa Catarina de Alexandria, São Erasmo
26 - Santa Belina, São Conrado
27 - Nossa Senhora das Graças, São Valeriano
28 - Santo Estevão, São Sóstenes
29 - São Demétrio, São Saturnino
30 - Santa Justina, Santo André

DEZEMBRO

1 - Santa Cândida de Roma, São Elói (Elígio)
2 - Santa Bibiana, São Crisógono
3 - Santa Hilária, São Francisco Xavier
4 - Santa Bárbara, São João Damasceno
5 - Santa Crispina, São Dalmácio
6 - Santa Leôncia, São Nicolau
7 - São Martinho, São Ambrósio
8 - Nossa Senhora da Imaculada Conceição, São Nicolau de Bari
9 - Santa Leocádia, São Basiano
10 - Santa Eulália, São Melquíades
11 - Santa Ida, São Sabino
12 - Santa Dionísia, São Hermógenes
13 - Santa Luzia, São João Marinoni
14 - São Agnelo, São Venâncio Fortunato
15 - Santa Cristiana, São Faustino
16 - Santa Adelaide, Santo Ananias
17 - Santa Olímpia, São Lázaro

18 - São Rufo, São Zózimo
19 - Santa Flávia, São Nemésio
20 - São Domingos de Silos, São Macário
21 - São Pedro Canísio, São Temístocles
22 - Santa Francisca Xavier Cabrini, São Zenon
23 - Santa Vitória, São Galásio
24 - Santa Tarsila, São Delfim
25 - Santa Eugênia, São Jacó de Todi
26 - São Arquelau, Santo Estevão
27 - Santa Fabíola, São João Evangelista
28 - Santa Teófila, São Castor
29 - São Segundo, São Tomás Becket
30 - Santo Anísio, São Sabino
31 - Santa Melânia, São Silvestre